SCRUM BASE

Pernarcic Andrea

Editore Scrum Italia

RINOVAZIO

RINOVAZIO

DEDICATO A TUTTI VOI, IL MIO MITO: STEVE JOBS

SPOT APPLE© 1997 – IL RITORNO DI STEVE JOBS

A tutti i folli. I solitari. I ribelli. Quelli che non si adattano. Quelli che non ci stanno. Quelli che sembrano sempre fuori luogo. Quelli che vedono le cose in modo differente. Quelli che non si adattano alle regole. E non hanno rispetto per lo status quo. Potete essere d'accordo con loro o non essere d'accordo. Li potete glorificare o diffamare. L'unica cosa che non potete fare è ignorarli. Perché cambiano le cose. Spingono la razza umana in avanti. E mentre qualcuno li considera dei folli, noi li consideriamo dei geni. Perché le persone che sono abbastanza folli da pensare di poter cambiare il mondo sono coloro che lo cambiano davvero.

RINOVAZIO

INTRODUZIONE

L'immagine di copertina per me è molto importante, perché quando avevo 12 anni, ho deciso di imparare ad andare con il windsurf, e dopo aver studiato: il vento, la direzione, le virate, le strambate, tutta la teoria; mi sono cimentato nella pratica. Dovevo rimanere sulla tavola da surf, senza perdere l'equilibrio. L'affermazione giusta sarebbe: **dovevo mantenere l'equilibrio**. Questo perché in base alla posizione del corpo su di essa, del baricentro, dell'inclinazione della vela, della resistenza del mare, i fluidi gassosi, quindi l'aria e il vento sopra, e quelli liquidi l'acqua sotto, dovevo trovare con la mia mente un punto di equilibrio. Altrimenti c'erano due sole possibilità: 1 cadere in acqua, 2 rimanere fermo. Ma la cosa più importante che ho capito molto tempo dopo ripensandoci, era che: per fare la cosa giusta, per trovare l'equilibrio, c'era una sola strada.

Oggi a distanza di trent'anni, ho dovuto cercare e applicare diversi equilibri nella mia vita, ma la cosa che mi dà ancora soddisfazione è che imparo ogni giorno qualcosa. Non dimenticherò mai mio nonno, Carlo, un uomo semplice ma di un'arguzia incredibile. Aveva trovato il modo per distillare nella mia mente ed in quella di mio cugino Tommaso, le cose importanti. Ma non solo, aveva anche capito quando e come doveva farlo. Capitava di passeggiare lungo la strada che costeggiava il mare di Trieste, ed altre volte invece eravamo immobili sugli scogli a pescare. Non cambiava molto però, tra il windsurf a trenta nodi di velocità sull'acqua, oppure a 3 chilometri orari passeggiando contro il vento, oppure in bilico sugli scogli con in mano una canna da pesca. Era sempre un mantenere l'equilibrio. Il cervello era occupato e concentrato nell'atto fisico, mentre le informazioni venivano seminate, attecchivano, e poi germogliavano a distanza di tempo.

Questo libro è dedicato a Tommaso Sila, mio cugino, al quale va tutto il mio affetto ed il ringraziamento per tutte le volte che mi ha accompagnato "nello sbagliare", perché tutti quegli sbagli nell'infanzia e adolescenza oggi sono "i mattoni" della mia cultura. Una cultura fondata sullo sperimentare, sul cercare di fare meglio le cose. Sull'errore visto come possibilità di imparare qualcosa. Lui conosce gli errori commessi quanto hanno scritto sulla mia pelle, scritte indelebili che rappresentano ciascuna un ricordo, un'esperienza. Grazie Tommy, per aver creduto nei miei errori, rendendomi oggi un uomo migliore.

Lo scrivere oggi, sembra la cosa più facile del mondo, e lo è diventata, grazie a due uomini che attraverseranno il tempo, con il loro genio: Steve Jobs (fondatore di Apple) e Mark Zuckerberg (fondatore di FaceBook). Questi due signori hanno creato gli strumenti che consentono alle persone di aumentare la loro comunicazione, ma soprattutto gli hanno permesso di uscire allo scoperto, sociologicamente parlando, dal contesto, scrivendo con un IPhone, attraverso l'applicazione di Facebook tutti i giorni, in ogni momento della giornata, e in ogni luogo del pianeta. Ma il genio ancora incompreso, che verrà scoperto piano piano, come è successo per me, sarà: Jeff Sutherland (scopritore di Scrum).

Tutto è successo il 20 luglio 2015 in Valsassina, presso il Rifugio San Grato, quando ho conosciuto Ramses Maurix, uno pseudonimo ovviamente, come tutti gli hacker. Bevendo una birra artigianale e confrontandoci su più argomenti, siamo finiti a parlare di stampanti 3D e di programmazione. Dalla sua bocca è uscita una frase tipo: noi utilizziamo il metodo Scrum. **Basta! Era iniziato tutto.** La mia curiosità è andata a mille, e ho iniziato a studiare. Poi ad applicare il metodo. Poi a personalizzarlo sviluppando applicazioni e software. Infine considerando come questo sistema poteva essere utile a tutti, anche alla casalinga che deve fare la pizza. Da qui il passo per arrivare al mio metodo RINOVAZIO è stato facile. Oggi grazie a tutte queste esperienze, questi amici, questi molteplici errori, ho fondato Scrum Italia, una struttura che può cambiare la vita ed il lavoro di chi vorrà venire a trovarci ed ascoltare come si può organizzare il lavoro, anche a distanza, utilizzando la realtà aumentata, e gli strumenti che ognuno di noi utilizza tutto il giorno.

Grazie a Tommaso Sila, Grazie a Ramses Maurix, grazie al mio socio Co-fondatore di Scrum Italia Giampaolo Santini, grazie a tutti coloro che mi hanno permesso di sbagliare, è a loro che devo il percorso che mi ha condotto qui. Un percorso di rinnovamento, di elaborazione, di re-invenzione di:

RINOVAZIO

RINOVAZIO

SOMMARIO

RINOVAZIO

PAROLE CHIAVE

Vorrei soffermarmi sul significato di alcune parole, che spiegano da sole il significato dello studio e dei risultati da raggiungere applicandole.

Approccio=*metodo seguito in una ricerca*
Metodo=*Regole, Modo di agire di comportarsi*
Ordine=*successione di elementi secondo un criterio*
Criterio=*Principio in base a cui si valuta, si giudica, si sceglie (parametro)*
Studio=*Applicarsi con metodico impegno per apprendere una disciplina o un argomento, servendosi di libri o altri strumenti*
Apprendere=*Acquisire, imparare, venire a conoscenza*
Conoscere=*Possedere le nozioni e le esperienze necessarie, relativamente ai più diversi campi del sapere e dell'attività umana*
Sistema=*Metodo, procedimento seguito per l'organizzazione e la realizzazione di qualcosa*
Analisi Lineare Diretta=Togliere tutto quello che non ha importanza
Strategia=Cosa serve fare, e come applicarlo per raggiungere un obiettivo
Mindfulness=Consapevolezza=*Presa di coscienza di qualcosa*
Origine=*Momento iniziale, Provenienza, Punto in cui comincia*

DOVE CI TROVIAMO ORA?

Per partire ci serve "un inizio", l'origine di tutto quello che faremo. Sia un viaggio, scrivere un libro, riordinare casa.

[...][1]*Se ad esempio fossimo in mare aperto e il nostro compagno di viaggio ci dicesse: <<andiamo a New York>>, noi non saremo in grado di rispondergli subito, perché prima dovremo fare il punto nave e capire dove siamo, poi dovremo capire se l'imbarcazione che abbiamo a disposizione reggerebbe un viaggio oceanico, poi se il cibo, il carburante, l'acqua ecc. sono sufficienti per affrontare il viaggio. Poi bisognerebbe calcolare quanti giorni ci vorrebbero per arrivare, ecc. Capite bene che fare un viaggio così è una bella*

---

[1] Tratto dal libro *I Sentieri della Mente – Pernarcic Andrea – Rochester N.Y. 2012*

avventura e già richiederebbe di essere progettato con un buon anticipo, pensate al viaggio della vostra vita, se fino ad oggi non vi siete fermati per fare "il punto nave".

Per apprendere un metodo è essenziale sapere a che punto siete, se non viene fatto, non si può dare seguito a nessuna attività di apprendimento, perchè "non sarebbe misurabile".

Delta di APPRENDIMENTO=Differenza tra prima e dopo=misura la capacità di svolgere un Ruolo

QUESTIONARIO D'INGRESSO

1. Che cos'è il Ruolo?

2. Che cosa sono gli Strumenti al Ruolo?

3. Cosa significa Comunicare?

4. Che cos'è la Codifica?

5. Che cos'è la Decodifica?

6. Che cos'è un Dato Stabile?

7. Che cos'è la Memoria dei 4?

8. Che cos'è un Diagramma di Gantt?

9. Che cosa significa la sigla PDCA di Edward Demings

10. Che cos'è il Metodo SCRUM?

11. Che cos'è il Metodo Pom To Do?

12. Che cosa significa Fiducia?

13. Quali sono le differenze tra il termine Efficacia ed Efficienza?

GLI STRUMENTI AL RUOLO

In questo capitolo impareremo le seguenti cose
1. **Metodo PomoTo**
2. **La Confusione e il Dato Stabile**
3. **Come Fare**
4. **Codifica>Decodifica**
5. **Strategia di autonomia**

Metodo PomoTo

La tecnica del pomodoro è un metodo di gestione del tempo ideato alla fine degli anni '80 da Francesco Cirillo, sviluppatore software ed imprenditore di origini italiane. Il nome deriva da quei timer a forma di pomodoro, spesso utilizzati in cucina per tenere sott'occhio i tempi di cottura. Fu proprio uno di questi timer a "salvare" i risultati accademici del giovane Cirillo. Terminata l'euforia degli esami del primo anno, l'autore si trovò infatti a fronteggiare un periodo di scarsa produttività e grande confusione mentale. Ogni giorno si recava all'università, seguiva le lezioni, studiacchiava, ma tornava comunque a casa con quella deprimente sensazione di aver solo perso tempo. Stanco di questo andazzo, un giorno Cirillo decise di fare una semplice scommessa con sé stesso: **"voglio vedere se riesco a studiare senza distrazioni e con la massima concentrazione per 10 minuti"**. Prese dunque un timer da cucina a forma di pomodoro ed iniziò a studiare. Al primo tentativo perse la scommessa, ma comprese che quel primo passo era stato fatto nella giusta direzione. Da quel giorno continuò a perfezionare questo approccio, sia nello studio, sia nel lavoro, fino ad arrivare a definire quella che oggi conosciamo come la Tecnica del Pomodoro. Come detto, la tecnica del pomodoro non ha nulla di fantascientifico e per essere applicata prevede 5 semplici passi. Scegli un'attività da completare. Imposta il timer a 25 minuti. Lavora sulla tua attività senza distrazioni finché il timer non avrà suonato. Prenditi una pausa di 5 minuti. Ogni 4 "pomodori" prenditi una pausa più lunga di 30 minuti.

Per facilitare il lavoro è possibile scaricare un app sul telefonino oppure stando online registrarsi sul sito www.scrumitalia.it ed entrare nella sezione App.

Questa tecnica oltre a tenere conto delle capacità neuronali dei centri dell'attenzione, permette di vedere raggiunti gli obiettivi di lavoro e di studio.

LA CONFUSIONE E IL DATO STABILE

Una confusione può essere definita come una serie di fattori o circostanze che non sembrano avere una soluzione immediata. La confusione è movimento casuale. Se vi trovaste in città o metropolitana in mezzo alla gente e al traffico intenso, è molto probabile che vi sentireste confusi da tutto quel movimento che si muove intorno a voi. Se vi trovaste in mezzo a una tormenta, con foglie e cartacce che volano a voi, è molto probabile che vi sentireste disorientati. **Si può capire che cos'è una confusione? Esiste una sua "anatomia"? La risposta è: Sì, esiste!** Se foste una centralinista e riceveste dieci chiamate contemporaneamente, potreste sentirvi disorientati. **Ma esiste forse una via d'uscita a una situazione del genere?** Se foste il caporeparto di una fabbrica e vi trovaste a dover fronteggiare tre emergenze e un incidente, tutti nello stesso momento, potreste sentirvi confusi. **Ma esiste una soluzione a questo?** Una confusione rimane tale soltanto se tutte le particelle sono in movimento, rimane tale soltanto se nessun fattore viene chiaramente definito o compreso. Quando si cerca di spiegare ad un giovane una procedura o una lavorazione, ci sono delle fasi ripetitive che tendono verso la confusione. Provate a spiegargliela una prima, poi un'altra volta ancora ed infine una terza volta ancora. Dopo di che lo osservate, lui combina subito un gran casino. **"Non aveva capito"**, **"non aveva afferrato"**. Si può spiegare meglio la sua incomprensione dicendo, molto correttamente, che **"era confuso"**. Quando le informazioni date non portano al risultato, vuol dire che la comunicazione fallisce. Quando questo avviene la maggior parte delle volte è perché **lo studente era confuso.** E non soltanto se parliamo di lavoro, ma anche nella vita stessa, quando sorge il fallimento, questo viene generato dalla confusione. Per imparare ad utilizzare un'attrezzatura, o semplicemente per vivere la vita, si deve essere capaci di far fronte alla confusione o di sviscerarla. Il principio sulla confusione lo chiameremo **principio del dato stabile.** Se steste guardando tanti pezzi di carta che turbinano nella stanza, questi vi sembrerebbero un caos finché non ne sceglieste uno, **decidendo che ogni altra cosa è in movimento rispetto a quel pezzo di carta.** In altre parole, un **movimento confuso** può essere capito razionalizzando **l'immobilità di una singola cosa** (quando stiamo sul windsurf, noi siamo immobili nel nostro equilibrio, facciamo brevi spostamenti per rimanere stabili nel vento, ma sotto la nostra tavola il mare scorre all'indietro ad una velocità considerevole, ma noi siamo immobili, quando siamo seduti e guidiamo l'automobile siamo fermi, muoviamo mani e piedi, ma siamo seduti, quando in realtà sfrecciamo in autostrada a più di 100 chilometri all'ora.). In un flusso di traffico, tutto sarebbe confuso a meno che non s'immaginasse l'immobilità di una macchina rispetto alle altre, in modo da vedere le altre in relazione a questa. La centralinista che riceve dieci chiamate contemporaneamente risolve la confusione scegliendo una singola chiamata e considerandola, correttamente o scorrettamente, la prima a cui dedicare la sua attenzione. La babele di dieci telefonate contemporanee disorienta meno nel momento in cui la centralinista ne sceglie una a cui rispondere. Il caporeparto che si trova di fronte a tre emergenze e a un incidente nello stesso tempo, **deve solo scegliere il primo obiettivo** della sua attenzione e iniziare da questo a riportare l'ordine. Finché non si sceglie un dato, un fattore, un particolare, in un vortice di particelle, la confusione continua. La singola cosa scelta e utilizzata diventa **il dato stabile** per tutto il resto. Più particolarmente e più precisamente, qualsiasi insieme di conoscenze è fondato su un singolo dato: **il dato stabile relativo.** Negandolo, l'intero insieme di conoscenze crolla. **Un dato stabile non dev'essere necessariamente corretto.** È semplicemente quello che impedisce alle cose di essere confuse, **quello rispetto al quale gli altri dati sono allineati.** Se insegnaste a usare un apparecchio a un giovane ambizioso e questi non riuscisse a capire le vostre istruzioni, **sarebbe perché gli manca un dato stabile.** Prima di tutto bisogna fargli comprendere **un singolo fatto.** Comprendendo questo, allora potrebbe assimilarne altri. In che modo il **Dato Stabile** può aiutarmi? Quando pensate all'incertezza, alla stupidità, all'insicurezza, pensate alla confusione e l'avrete capita perfettamente. **Che cos'è, dunque, la certezza? L'Assenza di confusione. Che cos'è, dunque, l'intelligenza? Capacità di risolvere la confusione. Che cos'è, dunque, la sicurezza? Capacità di superare, aggirare o mettere ordine nella confusione.** Certezza, intelligenza e sicurezza sono **assenza di confusione** o capacità di risolverla. Che cosa c'entra la fortuna con la confusione? La fortuna è la speranza che qualche possibilità incontrollata ci porti a concludere qualcosa. Contare sulla fortuna significa rinunciare al controllo.

[2]**Questa è apatia!** L' incapacità prolungata o abituale di partecipazione o di interesse, sul piano affettivo o anche intellettivo.

[2] Ragionato sullo studio di L. Ron Hubbard per approfondire http://www.scientology.it/

COME FARE

Ognuno di noi possiede una percezione e dei tempi individuali. Questo vuol dire che quello che funziona per me magari non va bene per gli altri. Ma l'obiettivo comune dev'essere allenare il cervello per capire quali sono **i ritmi, i tempi, e le cose che lo stimolano ad apprendere e a ricordare**.

Dobbiamo trattarlo come un qualsiasi muscolo, va allenato, in modo costante, e facendo cose ripetitive, possibilmente misurando i risultati.

Diamoci delle regole, proviamo ad applicarle, e dopo un periodo di prova, facciamo qualche miglioramento cambiando I tempi, il modo ed il metodo.

Il nostro cervello ha bisogno di carburante, il carburane sono gli stimoli e le informazioni. Attenzione però che anche lui ha delle

soglie di saturazione. E' come un contenitore, se si riempie tutto, fa fatica a mettere altro al suo interno. Quindi non basta capire quanto può contenere, ma **bisogna saper "piegare" nel modo giusto le informazioni, per fargli occupare meno spazio possibile.** Questo lo possiamo chiamare **effetto "tetris"** perchè sostanzialmente è come il giochino che facciamo con i pezzi di colore e forma diversi, da sistemare. Il cervello e la nostra percezione di conseguenza si comporta allo stesso modo, **fissa una sensazione.** Cioè archivia tutto in modo "istintivo", quasi animale, perchè non è stato addestrato a farlo in un altro modo. Noi dobbiamo creare un'emozione in quello che dobbiamo ricordare, un colore, un'azione, un sentimento, che diventa la matrice virtuale per ricordare. Poi dobbiamo archiviarlo con un'immagine, come per esempio un tratto, un logo, i fiori. Questo per distinguere un concetto dall'altro. Infine dobbiamo aver capito il concetto dello studio o del testo, per capire se lo abbiamo eseguito correttamente, dobbiamo capire questo schema.

Quando il pensiero astratto o verbale attraversa la corteccia cerebrale, viene razionalizzato "immagazzinato" nell'archivio. Ancora non è stato classificato, e protocollato come importante o non di rilievo. Ma se dovrà rimanere impresso per molto tempo, basterà trascriverlo anche sotto forma di appunti scritti a penna. Il messaggio arriva, il cervello lo elabora(Decodifica), lo memorizza e lo trasmette alla mano che lo trascrive sul foglio. A questo punto siete in grado di raccontarlo oralmente.

Ascoltare > **Capire** > Scrivere > **Saper Raccontare**

CODIFICA > DECODIFICA

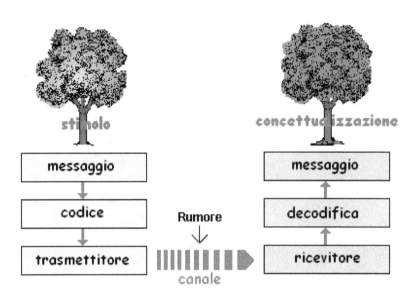

Nello studio è molto importante riuscire a spiegare quello che si è imparato. In questo caso non entrano più in gioco solo i concetti che abbiamo analizzato in precedenza, ma c'è una parte fondamentale dell'essere umano: **la Comunicazione.**

Per saperla sfruttare al meglio, bisogna capire come funziona. Ogni singola fase è fondamentale per capire e trasmettere uello che si è capito. Per farlo serve solo molto esercizio. Di base la comunicazione segue il seguente schema:

In questo contesto sappiamo di aver comunicato. Ma non avendo un "feedback", non sappiamo se il messaggio è arrivato, e sopratutto se è stato capito. Questo determina un problema di base, non sappiamo se la nostra comunicazione è stata efficace e se serve modificarla.

Quando dobbiamo studiare, dobbiamo cercare di focalizzare il nostro lavoro, identificando subito qual'è l'emittente del messaggio (libro, video, internet, ecc) e creare subito un filtro per il "**Rumore**", in modo che I nostri **sprint** da 25 minuti non vengano mai interrotti.

Quindi un po' di regole:
- 2 volte al giorno ore 11:00 e ore 18:00 e-mail, messaggi, whatsApp, Facebook, ecc.
- Telefonate i primi 5 minuti di ogni ora
- Ad orari stabiliti solo se strettamente necessario Collaboratori, assistenti, lavoro

Il sistema della comunicazione

CREARE STRATEGIA DI AUTONOMIA

Quando si affronta lo studio o il lavoro, bisogna rimanere concentrati per un periodo di tempo stabilito, se questo non avviene, o si viene interrotti, il nostro cervello avrà bisogno di diversi minuti per riprendere il lavoro. **La media di tempo necessario è 23 minuti.**

Quindi è necessario organizzare il lavoro in modo da **non avere "rumore"**, non essere interrotti, perchè basta veramente poco, un sms oppure un messaggino di facebook e la nostra produzione va a scemare.

Per capire bene cosa succede, proviamo a pensare quando siamo concentrati nella lettura, e ad un certo punto ci dobbiamo fermare perchè anche se leggiamo, il nostro cervello è da un'altra parte e quindi ci dobbiamo fermare, e tornare indietro di qualche pagina per riprendere la lettura, dall'ultima cosa ce ci ricordiamo di aver letto.

Qui è la stessa cosa, ma cerchiamo di viverla così da capire che il nostro cervello non è in grado di fare il "multitasking", così avremo finalmente un dato stabile su cui costruire la nostra struttura di studio.

Create su un foglio bianco la tabella seguente.

TUTTE LE LETTERE		
1	2	
TUTTI I NUMERI		
a	B	

Dovete inserire prima il numero e poi la lettera corrispondente fino alla lettera Z. Sarete cronometrati, dall'inizio alla fine dell'esercizio.

Preso il vostro tempo, dovrete eseguire nuovamente l'esercizio ma in un altro modo, questa volta la tabella verrà compilata in un modo diverso.

TUTTE LE LETTERE					
1	2	3	4	5	6
TUTTI I NUMERI					

Compilate prima tutti I numeri in fila fino alla lettera Z, e poi tutte le lettere in fila. Sarete cronometrati anche questa volta.

Cosa è successo? Tra il primo ed il secondo schema cosa è successo al vostro cervello? Semplice, nel primo, il vostro cervello doveva interrompere per ogni numero la sequenza, e ripartire, creando grande stress e ripartenze. Nel secondo è stato velocissimo, perchè ha eseguito prima il primo compito, poi il secondo, senza fare multitasking, **una cosa alla volta, iniziare e finire.**

Quello che emerge da questo semplice esercizio, è che dobbiamo conoscere il nostro cervello, per capire come creare il nostro metodo di studio personalizzato. Ogni azione iniziata, deve essere portata a termine per avere i risultati. Questo garantisce anche di non perdere informazioni preziose durante le fasi di studio.

Il concetto è: SUDDIVIDERE.

"è come dover studiare la Divina Commedia di Dante, bisogna spezzettarla in più parti"

RINOVAZIO

IL METODO

In questo capitolo impareremo le seguenti cose
1. **Suddividere le cose da studiare e creare gli schemi**
2. **Briefing>Ceck-list>Problem Solving>Debriefing**
3. **Semplificare gli schemi-la mappa concettuale**
4. **La memoria dei 4**
5. **Introduzione a SCRUM**
6. **Ridurre i costi**
7. **PDCA**
8. **RINOVAZIO**

Noi siamo come quest'albero, tendiamo a crescere, e ad avere nuovi rami (**le relazioni**) e **nuovi frutti** (**la conoscenza**). Le curve sinuose dei **rami** rappresentano **il cambiamento**. **I colori** le sfacettature del nostro carattere. **I pallini vuoti** sono **necessità, bisogni**, da colmare. Alcuni sono rappresentati da cose semplici, dove la conoscenza riesce a riempirli, e quindi a **neutralizzare** il loro "**peso**" sui **rami**. Altri invece hanno necessità di "**impregnazione**", devono essere rivisti ed allenati tutti i giorni.

Quando avremo finito il percorso, avremo tanti pallini nuovi, oppure quelli vuoti, riempiti di nuove esperiene e conoscenze.

SUDDIVIDERE LE COSE DA STUDIARE E CREARE GLI SCHEMI

GTD (Getting Things Done)

Tecnica ideata da **David Allen** di seguito un'immagine per avere un'idea del processo: si tratta di un workflow (flusso di lavoro) da seguire (più o meno rigorosamente) che permette di gestire in maniera strutturata e organizzata ogni tipo di attività (lavorativa e non) ci si presenti.

Concettualmente ogni attività passa per una **inbox** (reale o virtuale che sia) e viene valutata:

Se **non può essere eseguita**, sulla base di una nostra valutazione, può venire: **archiviata** per consultazioni successive inserita in una **lista delle cose possibili/da fare più avanti eliminata.** Se **può essere eseguita**, sulla base di una nostra valutazione, può:

- essere **eseguita immediatamente** nel caso impegni al massimo due minuti

- essere **delegata** ed inserita in una lista (da tenere sotto controllo) delle attività delegate ad altri

- essere inserita nella **lista delle attività da fare quanto prima**

- essere **inserita a calendario** nel caso che debba essere fatta in un preciso momento

- essere inserita nel **planning dei progetti**, da revisionare ciclicamente e deciderne la prossima attività da eseguire

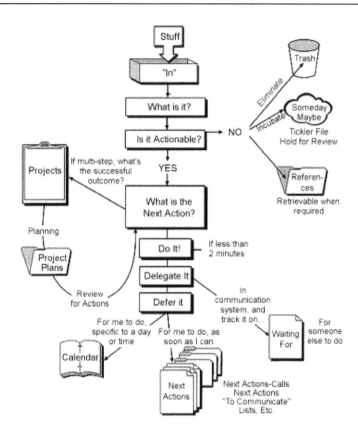

BRIEFING>CECK-LIST>PROBLEM SOLVING>DEBRIEFING

Il Briefing è un incontro dove si definiscono gli aspetti operativi e gli obiettivi di una determinata iniziativa "Punti fondamentali" tratti dal documento di Brief (Breve)

Chi fa cosa; come; entro quando; quanto dovrà costare; dove.

Fatto questo primo passaggio, si passa alla fase operativa definita "Tempesta di cervelli>" **Brain Storming**. Dove ognuno può dire liberamente quello che gli viene in mente, oppure lo può scriere su un post-it ed attaccarlo alla lavagna.

Check List è una lista di cose da fare, indicizzate per priorità, 1..2..3 ecc. Si parte con il fare la prima cosa e si continua fino a finire l'ultima.

Finita questa fase, si presenta il risultato al cliente, all'insegnante, al tutor, ecc.

Il Debriefing è riunione per capire cosa ha funzionato, cosa non ha funzionato e quali sono le lezioni da imparare da questo processo avvenuto. Processo può essere un progetto, una fase o anche una esperienza di apprendimento ovvero qualsiasi cosa che coinvolga un gruppo di persone.

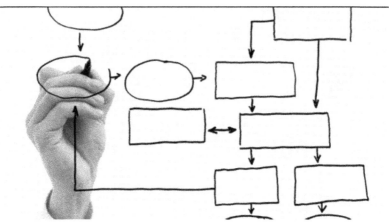

Una volta appreso cosa ha funzionato e cosa non ha funzionato, si riprogetta lo schema dei passaggi della check list, identificando cosa può variare e cosa no. Cosa è intrinsecamento coinvolto con tutto il sistema, e cosa si può escludere.

Questa fase è la più importante, perchè seve a cancellare le cattive abitudini e a non ripeterle in futuro. Tutte le fasi, le risposte o soluzioni, devono essere condivise con tutto il gruppo.

Per ricordare cosa si è visto o fatto è necessario strutturare un metodo condiviso, che ognuno possa a colpo d'occhio decodificarlo e assimilarlo nel suo turno di studio o lavoro: la mappa concettuale.

RINOVAZIO

SEMPLIFICARE GLI SCHEMI-LA MAPPA CONCETTUALE

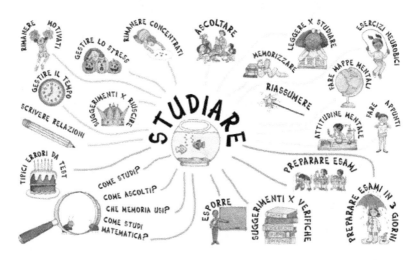

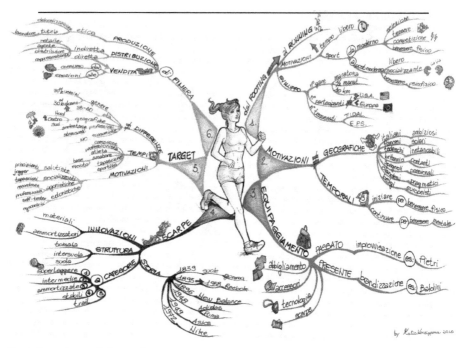

Dal Footing al Running

Proviamo a semplificare un po' il lavoro e lo schema. Proviamo a fare una lista di quello che dobbiamo fare per bere un caffè fatto con la moka.

Adesso che abbiamo identificato tutto quello che ci serve, dobbiamo metterli in sequenza "funzionale", per insegnare a qualcuno come fare il caffè con la moka.

1 - MOKA →

2 - ACQUA

3 - CAFFÈ

4 - ACCENDINO

5 - FUOCO

6 - TAZZA

7 - CUCCHIAINO

8 - ZUCCHERO

9 - LATTE

Mettete in sequenza numerica le azioni da fare

LA MEMORIA DEI 4

LA MEMORIA DEI 4

LA NOSTRA MENTE NON È IN GRADO DI MEMORIZZARE 7 O 9 O 12 LETTERE, MA SOLAMENTE 4.
SE PROVIAMO A MEMORIZZARE LA FRASE: FBICBSIBMIRS
LA POSSIAMO MEMORIZZARE A BREVE TERMINE SOLO SE LA SCOMPONIAMO IN 4 GRUPPI "DECODIFICATI": FBI – CBS – IBM – IRS
PERCHÉ IL NOSTRO CERVELLO HA UN LIMITE STRUTTURALE.

SE IL NUMERO DI CANALI AUMENTA

LA COMUNICAZIONE AVVIENE IN MODO ATTIVO E PASSIVO, SE SIAMO DEDICATI ALLO STUDIO, ABBIAMO CAPITO CHE IL TEMPO CICLICO DI ATTENZIONE È DI CIRCA 25 MINUTI CONSECUTIVI. POI ABBIAMO CAPITO CHE SE QUESTO TEMPO VIENE INTERROTTO CI VORRANNO ALTRI 20 MINUTI CIRCA DER RITORNARE SULL'ARGOMENTO.
PIÙ SIAMO BOMBARDATI DALLA "DISTRAZIONE" PIÙ SI ALLUNGANO I TEMPI.
BISOGNA SATURARLA CON I CONCETTI CHIAVE DELLO STUDIO.

COME CREARE IMMAGINI MNEMONICHE

OGNI COSA CHE FACCIAMO È REGISTRATA NELLA NOSTRA MENTE, MA A VOLTE VIENE IMMAGAZZINATA COSÌ IN PROFONDITÀ DA NON RIUSCIRE A TROVARLA. SERVE UNO STIMOLO: OLFATTIVO, VISIVO, TATTILE. E VENIAMO PROIETTATI AL MOMENTO DELLA MEMORIZZAZIONE.
PER POTERLO FARE CON LO STUDIO, DOBBIAMO CREARE LO STIMOLO: 2 MARKER

NELLO SCHEMA VALE LA REGOLA DEI 4

SE LA MAPPA CONCETTUALE, IL GRAFICO, POSSIEDE PIÙ DI 4 TERMINAZIONI È INUTILE. NON LO RICORDEREMO MAI. QUINDI BISOGNA SUDDIVIDERE TUTTO IN MASSIMO 4 BRACCI.

FASI PRATICHE

– SCEGLIERE L'ARGOMENTO
– SCHEMATIZZARLO
– CREARE NODI CONCETTUALI
– CREARE LE RELAZIONI ASSOCIATIVE
– I CONCETTI GEOMETRICI
– LA LEGENDA

1 – COSA POSSIAMO MODIFICARE NEL NOSTRO MODO DI STUDIARE?

2 – QUAL È IL NOSTRO PIÙ GRANDE LIMITE?

AUMENTO ESPONENZIALE DELLA VELOCITÀ

INTRODUZIONE A SCRUM

INTRODUZIONE

IL PROBLEMA

Ogni giorno siamo circondati da migliaia di cose che invadono il nostro tempo, e saturano il cervello. Spesso ci capita di progettare su carta un lavoro e di condividerlo con un team, ma non riusciamo a portarlo a termine. Questo accade perché molte delle volte le persone sovrappongono gli incarichi. Si sviluppa molto stress, incomprensioni, e ci si allontana sempre più dall'obiettivo finale.

LA SOLUZIONE

Un metodo nato per realizzare software, poi condiviso e trasformato in molte strategie anche familiari. Si chiama "SCRUM" mischia tradotto dall'inglese. È la base per le strategie del futuro. Per raggiungere gli obiettivi con la "iperproduttività".

COME AVVIENE

Si basa su uno schema di gioco condiviso, semplice e molto facile da spiegare. Al centro c'è un leader facilitatore chiamato "SCRUM MASTER", che coordina la suddivisione del lavoro in brevi cicli "SPRINT". Il vantaggio del sistema è l'utilizzo di un software gratuito. E sul quale può interagire tutto il team, tutti assieme, singolarmente, a distanza, su qualsiasi supporto.

CHI LO HA CREATO

Il suo ideatore è Jeff Sutherland pilota da caccia, 20 anni fa creò il suo primo team SCRUM. Oggi viene usato anche in Italia in aziende grandi come: Ferrari, Apple, Amazon. La conversione di facilitazione strutturata per gli utenti italiani che troverete in fondo al corso è stata elaborata da Pernarcic Andrea, sociologo, che l'ha studiato, e lo ha distribuito gratuitamente come modello matematico campione. Fino alla raccolta dei dati, e allo sviluppo evolutivo del sistema chiamato "RINOVAZIO", un nuovo modello più semplificato.

COSA FA

Ottimizza le risorse, evita gli sprechi, valorizza i talenti del team, fa condividere tutto: strategie, obiettivi, risultati, retrospettive, file, foto, video, schemi, ecc.

RIDURRE I COSTI

RIDURRE I COSTI

SPESSO LE PERSONE NON AGISCONO, PERCHÉ È NECESSARIO ESSERE ONESTI CON SE STESSI E CON GLI ALTRI. MOLTE VOLTE GLI SPRECHI SONO DOVUTI ALLA PASSIVITÀ DELL'UOMO. COSTI INTESI IN: TEMPO, MANCANZA DI PRODOTTO, NUMERO ELEVATO DI ADDETTI, CONSEGUENTE AUMENTO DEI COSTI.

VIENE RIPETUTA LA STESSA STRATEGIA, QUINDI STESSI ERRORI / RISULTATI.

A VOLTE LE AZIENDE O I MANAGER PER SOSTENERE IL LAVORO (SBAGLIATO) PAGANO CONSULENTI PER FARSI RACCONTARE DELLE BUGIE.

1 - SAPERE IN ANTICIPO I COSTI DA AFFRONTARE
2 - FISSARE UN TETTO
3 - CONTROLLARE GLI SPRINT E IL BUDGET SETTIMANALMENTE
4 - TESTARE SUBITO LA DEMO / PRODOTTO / STUDIO
5 - SE NON FUNZIONA SCARTARLO E CAMBIARE STRATEGIA

DIMINUIRE IL NUMERO DI MEMBRI

PIÙ TESTE PENSANTI CHE NON CONDIVIDONO UNA STRATEGIA, SONO IL PRIMO OSTACOLO PER "FARE QUALCOSA" QUINDI DIVIDERE. SE SONO OSTICI, PUNTARE SUI TEAM DISPONIBILI, E POI CONFRONTARSI CON GLI OSTICI, PER VALUTARE I RISULTATI.

SPEZZARE IL LAVORO IN PIÙ LAVORI MINORI E DARLI AI TEAM

PER OTTENERE SUBITO RISULTATI E FORMARE "IL GRUPPO" DATE LORO LO STESSO LAVORO, MA DIVISO IN PICCOLI SPRINT, LA MOTIVAZIONE È LA BENZINA.

ELIMINARE GLI OSTACOLI

QUANDO SI IDENTIFICA UN OSTACOLO CI SI FERMA E SI VALUTA LA SOLUZIONE PER QUELL'OSTACOLO, UNA VOLTA TROVATA, SI DEVE DIVULGARE A SCIAME, IN MODO CHE TUTTI I TEAM SAPPIANO CHE È UN ERRORE CONTINUARE IN QUELLA DIREZIONE.

MOSTRARE IL PRODOTTO

QUANDO DOPO IL PRIMO SPRINT, OGNI TEAM MOSTRA COSA HA PRODOTTO, TUTTI SARANNO COINVOLTI NEL MIGLIORARE IL PRODOTTO E QUINDI NEL PROGETTO, ANCHE IL COMMITTENTE CHE PAGA.

RINOVAZIO

PDCA

Edward Demings PDCA (Plan, Do, Check, Act) tenne un discorso ai giapponesi 1950

Akio Morita fondatore Sony

Rodney Brooks Professore di Intelligenza Artificiale

Robot a 6 gambe che aveva un sistema pensante neuronale, ogni gamba aveva un cervello collegato ad una telecamera. Doveva muoversi e sbagliare per imparare. Ogni azione sbagliata veniva memorizzata e cancellata (cattive abitudini). Ogni volta che veniva spento perdeva I dati, e doveva ripartire da zero. (l'80% del successo è determinato dal 20% di quello stesso segmento). Quindi prima si riesce a capire da cosa è rappresentato questo 20%, prima si raggiungerà il piano per raggiungere l'80%.

Società IRobot, ha creato l'aspirapolvere Roomba.

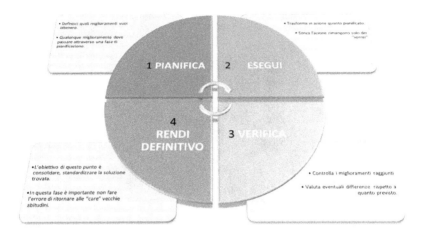

Il vostro corpo, la vostra mente, ed il vostro spirito/cervello si allineano attraverso la pratica e il miglioramento costanti.

RINOVAZIO

Partire con il sistema SCRUM in un'azienda qualsiasi in Italia, significa bloccare i lavori per più settimane. Con il rischio di trasformare un sistema innovativo che funziona, in una cosa da odiare, che rappresenta costi, tempo perso, stress, e *che non porta a niente.*

Questa è la reazione del personale, dei dirigenti, di tante aziende italiane, che sono ostici **al cambiamento.**

All'inizio dello **spazzolino elettrico,** la BRAUN, società leader negli elettrodomestici, come rasoi elettrici, robot da cucina, e cura della persona. Ha sviluppato un'indagine per capire l'impatto che rali sistemi avrebbero avuto sul mercato. Le informazioni non erano rassicuranti, all'inizio sarebbe stato un periodo di diffidenza, di non voler cambiare il vecchio spazzolino con il nuovo. Ed un mucchio di false leggende, come: ti cadranno I denti, li rovina, non è igienico, i ricambi costeranno troppo. Queste erano alcune delle obiezioni che il prodotto ed il marchio avrebbero dovuto contrastare.

Alla fine ha vinto l'impregnazione e la pubblicità. Come? Facendo in modo che dappertutto ci fossero confezioni di Braun. Dal dentista, nei giornali, alla tv, in internet, sui cartelloni. Finchè quell'immagine non è diventata parte della nostra vita. Immaginare un lavandino del bagno senza uno spazzolino elettrico non rappresenta più la nostra epoca. Come il cellulare, il tablet oppure il climatizzatorre dell'automobile, il televisore LCD.

Questo significa che il nostro allineamento con le cose, dev'essere aggiornato o rinnovato ogni tanto. Quasi come riavviare il PC, oppure il telefonino. Questa procedura l'ho chiamata RINOVAZIO. Ed è una vera e propria filosofia, un termine che rappresenta un modo di agire, fresco, moderno, evoluto, e sempre in transizione, ovvero mai fermo.

Per facilitare le fasi della RINOVAZIO (Percezione), ho scelto di unire la metodologia SCRUM, con una lavagna digitale online, con post-it evoluti, che possono contenere scritte, disegni, immagini, file e video. Il tutto condiviso con tutto il TEAM.

Lo SCRUM BASE o RINOVAZIO, è un metodo Agile per arrivare a trasformare un team, un'azienda, i dirigenti, e tutto il comparto, in un unico individuo che condivide gli obiettivi ed i risultati, utilizzando procedure nuove e semplificate, ma che operano sulla Realtà-Aumentata.

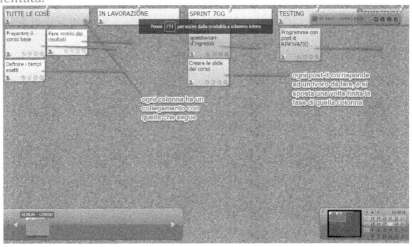

COME FUNZIONA SCRUM

Partiamo dal concetto di "Story", tutte le azioni programmate in Scrum vengono definite Story, quindi iniziate a scrivere su uno o più post-it cosa volete realizzare.

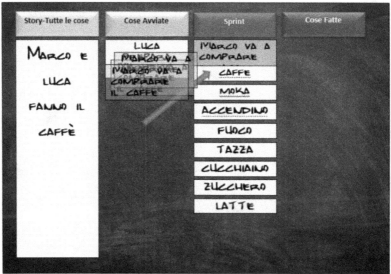

Marco e Luca devono fare il caffè, nella colonna Story, verranno inseriti tutti i post delle cose da fare, dividendo il lavoro fra le persone che se ne prenderanno carico. Risulta evidente che fino a quando Marco non torna con il caffè, le altre fasi non potranno andare avanti. Quando Luca inizia a preparare l'attrezzatura, inserisce il suo post nelle cose avviate, così anche per Marco. Quando Marco esce a comprare il caffè, il post-it dalla colonna [Cose Avviate] passa a quella dello Sprint. Mentre Luca prepara la moca, il latte, le tazzine ecc. Sposta i post-it dalla colonna [Cose Avviate] sotto la colonna [Sprint] e così via. In questo modo a colpo d'occhio si può vedere cosa è stato programmato, quale lavoro o azione è stata avviata, e dove il lavoro si è fermato. Mentre quando Marco porterà il caffè, troveremo tutti i post-it nelle cose fatte e sposteremo anche il post-it della prima colonna [Story-Tutte le cose] nelle cose fatte ed il lavoro sarà consegnato. Potremo berci un buon caffè.

Questo è un modo semplicistico per capire il meccanismo e le dinamiche che gravitano sul sistema. Per capire chi fa che cosa e a che punto è con il lavoro, ma la cosa più importante è che alla fine di ogni Sprint, verrà portato a termine un lavoro. Se parliamo di studio potrebbe essere un'esame, un'interrogazione, una tesi, ecc. Se parliamo di lavoro, il committente avrebbe ricevuto il prodotto/servizio.

Per ogni fase di progetto/lavoro, ci sarà una Story, ovvero una cosa da fare, ci sarà un Team più persone che la faranno tutte assieme, oppure che avranno ognuno un compito da portare a termine. Chi osserva la bacheca, potrà capire subito se le cose funzionano oppure c'è un intoppo, come? In base al tempo che noi stabiliremo necessario per svolgere ogni compito/lavoro.

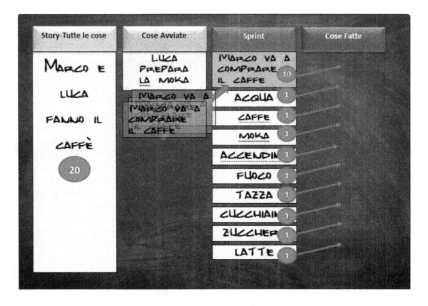

Se parlassimo di lavoro suddiviso in minuti, assegneremmo ad ogni post-it un totale di minuti necessario per svolgere quel compito, normalmente gli "Sprint" sono di 7 o 15 giorni, ma dipende da quello che si vuole realizzare, dal tempo che abbiamo a disposizione, e da altri fattori.

Luca e Marco ipotizzano che per fare un caffè dovendo uscire e andare ad acquistare la polvere di caffè al negozio sotto casa, ci vogliano più o meno 20 minuti, quindi nella storia generale inseriamo un pallino con 20 minuti. Se diamo il tempo di 10 minuti a Marco per scendere al negozio, comprare il caffè e risalire, vuol dire che per gli altri avremo circa 10 minuti, compresa la fuoriuscita di caffè.

Se tutto funziona in 20 minuti avremo fatto il caffè. Se dovessimo rappresentare su di un grafico tutta l'operazione partendo dall'inizio, potremmo rappresentarlo cosi:

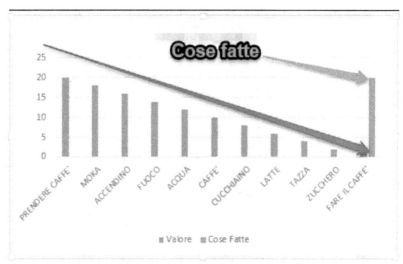

Dove la prima colonna del grafico rappresenta la somma di tutti i tempi necessari per completare tutte le cose da fare. L'andamento del grafico rappresenta le cose che nel tempo vengono fatte, fino al completamento di tutte. Se per un qualsiasi motivo una delle cose da fare si dovesse fermare, il grafico cambierebbe forma, non sarebbe più in discesa, ma diventerebbe una linea orizzontale. Proprio per questo motivo è importantissimo scegliere bene i tempi necessari per sviluppare un lavoro, in quanto tanto più sarà preciso il valore/lavoro, tanto più sarà corretta la data di consegna e le risorse necessarie per completarlo.

IL POKER PLANNING

Purtroppo a volte non si riesce a mettere d'accordo i Team sui veri valori da assegnare ad ogni sprint. Per questo Agile ha inventato un sistema neutrale che facilita il compito di chi gestisce la riunione lo Scrum Master[3], sono delle carte che portano il nome di Planning Poker (le trovate su www.scrumitalia.it) sono carte che rappresentano un valore unico. Possiedono un valore in scala di Fibonacci, ovvero il numero sulla carta è rappresentato dalla somma dei due numeri precedenti lo stesso numero es. 2+3=5 ecc.

---

[3] E' la figura professionale che facilita la soluzione e il superamento dei blocchi/problemi nei Team.

Ogni Membro del Team sceglie un valore, nel caso ci fossero numeri molto distanti fra loro, per esempio 1 e 100 lo Scrum Masrer farebbe togliere queste due carte dalle popssibili scelte e farebbe rivotare il Team, così da avvicinarsi al valore reale. Questa situazione capita quando i membri del Team hanno vissuto esperienze diverse, e quindi chi mette il valore più basso ha delle soluzioni che gli altri membri del Team ancora non conoscono.

Se parliamo di studio, dovrete fare lo sforzo di scegliere voi il tempo da assegnare, oppure con i vostri professori o colleghi che hanno già superato l'esame, potreste creare un gruppo di studio, e condividere la scelta dei valori.

Per quanto al settore industriale, ci sono soluzioni molto efficaci ed efficienti, che vengono trattate nel Corso Scrum Avanzato, dove ogni singola azione viene organizzata e tenuta sotto controllo costante.

Per semplificare il lavoro di tutti, ho scelto di utilizzare una bacheca online gratuita. La trovate su www.scrumitalia.it e basta registrarsi per poter avere una soluzione semplice per iniziare a lavorare con Scrum. Questo sistema che ho chiamato RINOVAZIO semplifica la vita a tutti i soggetti coinvolti, perché a differenza del sistema Scrum statunitense che vuole una gestione analogica controllata, oppure software che costano molto, RINOVAZIO consente di fare progetti ed elaborarli gratuitamente.

I principali vantaggi sono:
- Una bacheca generale condivisa
- Tutti gli aggiornamenti o spostamenti vengono segnalati a tutto il Team attraverso un messaggio e-mail autonomo
- Potete creare post-it infiniti
- Potete assegnare un colore per argomento o per membro del Team
- Potete insrire file, video, foto, link ad ogni post-it
- Potete inserire icone diverse per ogni post-it
- Potete inserire due date per post-it
- Ogni membro potrà vedere la bacheca Scrum

- Lo Scrum Master potrà incontrare tutti online ogni volta che serve
- Il committente o Scrum Product Owner[4] vede tutta la produzione
- Il Comittente, chi mette i soldi, vede il prodotto finito ad ogni sprint e sà quanto lavorano tutti i Team
- Non è possibile fare finta di fare un lavoro o estraniarsi, perché si viene scoperti subito
- Tutta la bacheca racconta la storia per costruire un prodotto/servizio, ha un valore di mercato, può essere ceduta, rappresenta la mappa per creare le riunioni di Retrospettiva.
- Si possono unire più progetti o più Team in una sola bacheca anche a distanza di tempo

Quando un investitore vuole tenere separate le informazioni per realizzare un singolo prodotto per evitare le fughe di notizie o segreti industriali, può con Scrum creare più bacheche dove i Team divisi non sanno cosa fanno gli altri, finchè non si decide di unire tutte le bacheche in una unica.

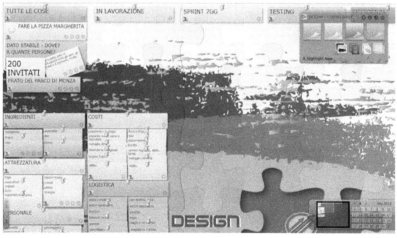

[4] Scrum Product Owner è chi conosce bene il prodotto/servizio da realizzare, ed è l'unico che decide che lavori si possono lasciare ed invece quelli che sono assolutamente necessari.

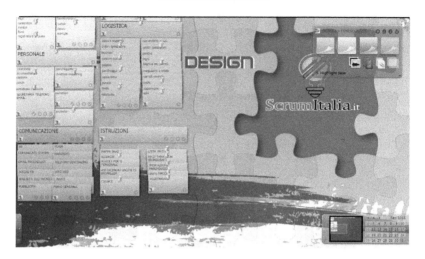

La potete guardare, e provare qui http://base.scrumitalia.it

LE RIUNIONI DI SCRUM

[5]In ogni scenario di progetto sono presenti due tipi di persone: i **maiali** e **le galline**: i primi sono direttamente coinvolti, le loro vite dipendono dall'andamento del progetto (ci mettono il prosciutto), i secondi invece hanno un ruolo marginale, passano informazioni, commenti e ordini, ma non hanno interesse diretto nella sua buona riuscita (ci mettono le uova).

Il metodo Scrum è diverso dai project meeting:

- In queste riunioni nessuno assegna compiti a nessuno, nemmeno lo ScrumMaster;

- I membri non devono informare del proprio operato una persona specifica, ma tutto il gruppo deve sincronizzarsi a vicenda;

- Durante la riunione non si discutono, né si risolvono problemi, lo si farà in incontri successivi;

- Le galline devono stare "fuori dai piedi", non possono parlare né interferire con la riunione.

- Le squadre che funzionano seguono un ritmo giornaliero costante: dopo la riunione segue una fase di intensa conversazione, che diventa silenzio assoluto fino al pranzo. Dopo pranzo segue una nuova fase di dialogo serrato, che torna a tacere per il resto della giornata. Sono le pulsazioni dei team auto-governati. Se si riesce a sentire la pulsazione, la squadra è in salute e lo scrum funziona

---

[5]La vignetta tradotta in italiano di Clark e Vizdos www.implementingscrum.com/

- La tecnica Scrum vuole che i Team facciano tre incontri giornalieri di brevissima durata. La prima regola è che al meeting giornaliero devono partecipare tutti, si tiene tutti i giorni ed alla stessa ora. Se non sono presenti tutti, *non si crea la comunicazione*.

- La seconda regola è che la riunione non può durare più di 15 minuti. Dev'essere sintetica, diretta e mirata. Se ci fosse un intoppo o un argomento da approfondire, lo si scrive e lo si affronta successivamente. *L'obiettivo è ottenere le informazioni più utili e preziose nel minor tempo possibile.*

- La terza regola è che tutti devono partecipare attivamente. La riunione si tiene in piedi, per rendere tutti attivi, e farla durare il tempo giusto. Ed è per questo che le è stato dato il nome di Daily stand-up oppure Daily scrum.

- Il Team deve tendere all'**eccellenza aggressiva**. Ovvero deve confrontarsi e come in una partita di calcio, football, pallacanestro, pallavolo, deve trovare le risposte ai problemi incontrati al suo interno. Quando un membro del Team esprime un problema, ci dev'essere un altro bembro del Team che dice: questo lo risolvo io assieme a te in 1 ora.

- Il fattore principale che ostacola il lavoro di un Team è: la specializzazione. Se i membri del Team hanno un titolo, tenderanno a fare solo le cose in linea con quel titolo. Per mantenere "il potere" di quel ruolo, tendono a mantenere conoscenze specifiche e limitate. Quindi la quarta regola se così la si può chiamare, sarà: nessuno ha titoli, tutti nel Team hanno pari valore.

LE TRE DOMANDE

DURANTE IL DAILY STAND-UP AD OGNUNO VENGONO POSTE 3 DOMANDE:

- Cosa hai fatto ieri per aiutare il Team a portare a termine lo Sprint?
- Cosa farai oggi per portare a termine lo Sprint?
- Cosa ostacola il tuo lavoro di oggi?

Il Team si auto organizza, non ci sono direttive dall'alto, e decide in autonomia come risolvere gli ostacoli incontrati. Sfruttando le risorse interne al Team stesso.

Scrum riesce a dare un ritmo costante a tutto il Team, migliora il processo ciclicamente.

MIGLIORARE CONTINUAMENTE IL PROCESSO

Negli anni 80 l'MIT la prestigiosa Università statunitense ha svolto uno studio durato anni nelle case automobilistiche di tutto il mondo, riportando i seguenti dati. Marchi come Toyota, Honda, Nissan, ci mettevano 16,8 ore per fabbricare un'autovettura. I pezzi grezzi entravano nella catena di montaggio e circa 17 ore dopo usciva una Lexus ed i difetti riscontrati erano 34 su 100 vetture. Un dato notevole. In Europa invece, Mercedes, Audi, BMW, per costruire un veicolo utilizzavano 57 ore, e riscontravano 78,7 difetti ogni 100 autoveicoli. Perché così tanto tempo e così tanti errori? L'MIT scoprì che in Toyota ogni operaio della linea di montaggio può fermare la produzione quando emerge un problema. Tutti gli operai vanno al punto di fermata e cercano assieme una soluzione per risolvere quel problema. Non vogliono che dalla catena escano autovetture difettose. Intervengono e risolvono il problema una volta per tutte. Se non avvenisse questo, il problema potrebbe ripetersi su migliaia di autoveicoli. In Europa invece alla fine della catena di montaggio c'erano Team vestiti in camice bianco del sistema qualità che lavoravano per studiare un modo per risolvere i problemi rilevati.

"La fabbrica tedesca faceva più sforzi per risolvere i problemi che aveva appena creato"

I tedeschi mettevano più tempo per aggiustare una macchina nuova, che il tempo per i giapponesi per produrla finita e senza difetti. La Toyota divenne la prima casa automobilistica al mondo per produzione efficace ed efficiente.

Il processo di Scrum determina l'analisi immediata anche visiva dei problemi, e mette in evidenza a tutto il Team il sistema per risolvere quel problema. Se il Team dovrà rifare lo stesso lavoro per un altro cliente, ci metterà meno tempo, perché le soluzioni trovate per risolvere il problema sono già parte del lavoro sviluppato e si consolidano nell'evoluzione del Team stesso.

Ogni volta che un Team dovrà rifare lo stesso lavoro, già fatto in precedenza, ci metterà la metà esatta del tempo. Questo significa meno tempo e e più guadagno, senza sprechi.

SPRINT PLANNING MEETING

RIUNIONE PER DEFINIRE TUTTE LE COSE
DA INSERIRE NELLO/I SPRINT

All'inizio di ogni ciclo di sprint (ogni 7–30 giorni), viene tenuto uno "Sprint planning meeting". Il lavoro da svolgere nello Sprint è pianificato durante lo Sprint Planning Meeting. Questo piano è creato dal lavoro collaborativo dell'intero Team Scrum. Il meeting Sprint Planning è un incontro della durata di otto ore per uno Sprint di un mese.

Per Sprint più brevi, l'evento è proporzionalmente più rapido. Ad esempio, Sprint di due settimane hanno bisogno di un meeting Sprint Planning di quattro ore.

Lo Sprint Planning include i seguenti elementi:
- Selezionare il lavoro da fare
- Preparare lo Sprint Backlog che dettagli il tempo necessario per fare quel lavoro, con tutta la squadra
- Identificare e comunicare la maggior parte del lavoro che è probabile sarà effettuato durante l'attuale sprint
- Ha un limite di otto ore (nel caso di uno Sprint lungo 30 giorni)
L'intero Scrum team:
- Definisce insieme al Product Owner l'obiettivo dello Sprint e l'insieme di storie su cui impegnarsi
- Il Team di sviluppo:
- Definisce un piano per lo Sprint, risultante nello Sprint Backlog

Questo incontro è frequentato da: il Product Owner, lo Scrum Master, e l'intero Team di sviluppo. Possono partecipare anche tutti i manager del caso fossero interessati o i rappresentanti della clientela.

BACKLOG GROOMING: STORYTIME

Il team dovrebbe impiegare del tempo durante uno sprint per effettuare il product backlog grooming. Questo è il processo di stima del backlog esistente utilizzando sforzo/punti, raffinando i criteri di accettazione per le storie, e dividendo storie più grandi in storie di minore grandezza e complessità.

Gli incontri dovrebbero essere di durata inferiore al 10% del tempo totale

Le sessioni di grooming non includono la suddivisione di storie in attività (task)

Il team può decidere quanti incontri sono necessari a settimana.

Il metodo più comune di stima utilizzato è quello del **planning poker** un "gioco di carte" per discutere, giustificare e valutare diverse stime realizzative effettuate da tutti i membri del team per arrivare ad una stima condivisa, ma questa pratica può essere sostituita da altre che fossero ritenute più opportune.

DAILY STAND UP/DAILY SCRUM

RIUNIONE DI 15 MINUTI TUTTE LE MATTINE
DA FARE IN PIEDI

Ogni giorno durante lo Sprint, viene tenuta una riunione di comunicazione del team di progetto. Questo meeting viene chiamato "daily scrum", o "daily stand up" ed ha un insieme di regole specifiche:

- Tutti i membri del Team di sviluppo vengono preparati con gli aggiornamenti per la riunione
- L'incontro inizia puntualmente anche se qualche membro del team è assente
- Il meeting dovrebbe avvenire ogni giorno nello stesso luogo e allo stesso tempo per ridurre la complessità
- La durata del meeting è fissata (timeboxed) al tempo massimo di 15 minuti
- Si partecipa rimanendo in piedi, per non dare modo ai partecipanti di distrarsi ed isolarsi come accade nelle riunioni "tradizionali"
- Tutti sono benvenuti, ma normalmente solo i ruoli principali possono parlare (maiali-polli)

Durante l'incontro quotidiano, ogni membro del team risponde a tre domande:

- Che cosa è stato fatto dopo l'ultima riunione?
- Che cosa si farà prima della prossima riunione?
- Quali sono gli impedimenti / ostacoli incontrati?

Gli eventuali impedimenti / ostacoli identificati durante questo meeting vengono documentati dallo Scrum Master per essere poi lavorati allo scopo di essere risolti al di fuori di questo incontro.

- Durante il Daily Scrum non dovranno essere affrontate discussioni approfondite.

- Lo Scrum Master impone la regola che soltanto i membri del Development Team possono partecipare al Daily Scrum.

- Questo incontro non è uno status meeting ed è rivolto alle persone che trasformano le voci del Product Backlog in un Incremento.

- Il Daily Meeting migliora le comunicazioni, elimina altri incontri, identifica e rimuove gli ostacoli allo sviluppo, evidenzia e promuove il rapido processo decisionale e migliora il livello di conoscenza del progetto da parte del Team di Sviluppo.

- Rappresenta un incontro chiave d'ispezione e adattamento.

- Per attività di sviluppo maggiori che sono suddivise tra vari team Scrum, durante l'esecuzione dello Sprint vengono generalmente tenuti altri due incontri di coordinamento: il "Backlog Grooming" e lo "Scrum of Scrums"

SCRUM DI SCRUM

Durante la giornata, dopo aver espletato il Daily Scrum, nelle ore successive, mentre si continua a lavorare per lo Sprint, viene tenuto normalmente un incontro chiamato Scrum of Scrums.

Questi incontri consentono a gruppi di team di discutere assieme il loro lavoro, con particolare attenzione sulle aree di sovrapposizione e integrazione.

Partecipa una persona designata per ciascun team.

L'agenda è la stessa dei Daily Scrum, più le seguenti quattro domande:

- Che cosa ha fatto la tua squadra dal nostro ultimo incontro?

- Cosa conterà di realizzare il tuo team prima che ci incontriamo nuovamente?

- C'è qualcosa che vi rallenta o vi impedisce di ottenere l'obiettivo?

- Siete in procinto di fare qualcosa che possa essere utilizzato da un altro team?

- Al termine di un ciclo di Sprint, vengono tenute due riunioni: la "Sprint Review" e la "Sprint Retrospective"

SPRINT REVIEW

RIUNIONE DI 4 ORE

Alla fine dello Sprint si tiene l'incontro di Sprint Review per ispezionare e valutare anche attraverso la lettura di grafici, l'incremento; e adattare se necessario, il Product Backlog (la bacheca e le cose da fare).

Durante la riunione di Sprint Review il Team di Sviluppo e gli stakeholder (parti interessate) collaborano su ciò che è stato fatto durante lo Sprint.

In conformità a questo e ai cambiamenti, eventualmente apportati, al Product Backlog i partecipanti collaborano sulle prossime cose che potrebbero essere fatte.

Si tratta di un incontro informale e la presentazione dell'incremento ha lo scopo di suscitare commenti e promuovere la collaborazione. Si tratta di un incontro della durata di quattro ore per uno Sprint di un mese. La durata è proporzionalmente inferiore per Sprint più brevi. Ad esempio, se una Sprint dura due settimane, l'incontro di Sprint Review dura due ore.

La Sprint Review include i seguenti elementi:

- Il Product Owner identifica ciò che è stato "Fatto" e ciò che non è stato "Fatto";
- Il Team di Sviluppo discute su cosa è andato bene durante lo Sprint, quali problemi si sono incontrati e come questi problemi sono stati risolti;
- Il Team di Sviluppo mostra il lavoro che ha "Fatto" e risponde alle domande sull'incremento;
- Il Product Owner discute il Product Backlog così com'è.
- Lui o lei progetta la possibile data di completamento in base alla misura del progresso fino ad oggi;
- L'intero gruppo collabora su cosa fare dopo, così la Sprint Review fornisce un prezioso contributo alle successive riunioni di Sprint Planning.

SPRINT RETROSPECTIVE

RIUNIONE PER VALUTARE IL LAVORO FATTO
ALLA CONSEGNA DELLO SPRINT

La **Sprint Retrospective** è l'occasione per il Team Scrum di ispezionare se stesso e creare un piano di miglioramento (accrescimento ciclico) da attuare durante il prossimo Sprint. Dopo la Sprint Review (verifica di cosa si è fatto per completare lo Sprint) e prima del prossimo incontro Sprint Planning (riunione in cui si decidono le cose da fare nel prossimo sprint), il Team Scrum si riunisce per lo Sprint Retrospective.

Si tratta di una **riunione di tre ore**, per valutare lo Sprint che durerà un mese, il confronto deve durare circa 3 ore; se lo Sprint è più breve 7/15 giorni la riunione deve durare meno in proporzione allo Sprint programmato.

Lo scopo della Sprint Retrospective è di:

- Esaminare l'andamento dell'ultimo Sprint, per quanto riguarda i membri del Team, le relazioni, i processi e gli strumenti utilizzati;

- Identificare e riordinare i maggiori elementi che sono andati bene e valutare il potenziale di miglioramento (felicità-velocità del Team-Efficienza-Efficacia);

- Creare un piano (regole/suggerimenti) da attuare per migliorare il modo di lavorare dello Scrum Team.

- Lo Scrum Master (il facilitatore) incoraggia il Team Scrum a migliorare, all'interno del framework (struttura/sistema adottato) di processo Scrum, il proprio processo di sviluppo e le pratiche per rendere più efficace e divertente il prossimo Sprint.

- Durante ogni Sprint Retrospective, il Team Scrum pianifica i modi per aumentare la qualità del prodotto adattando le procedure analizzate e scelte come metodo di lavoro.

- Entro la fine della Sprint Retrospective, il Team Scrum dovrebbe aver individuato i miglioramenti che saranno implementati nel prossimo Sprint.

- Attuare tali miglioramenti durante il prossimo Sprint è l'adattamento all'ispezione del Team Scrum stesso.

- Anche se i miglioramenti possono essere implementati in ogni momento, la Sprint Retrospective da un' opportunità formale per focalizzarsi sull'ispezione e l'adattamento.

Si tratta di una riunione, fatta dai Team tutti assieme, per valutare cosa ha funzionato, cosa non ha funzionato, cosa si poteva fare meglio.

E' importante imparare a valutare le Story/Cose fatte per capire se la storia è veramente conclusa e può essere archiviata, dando vita al progetto stesso da realizzare. Per dare un senso a tutto questo si può utilizzare un acronimo di verifica: INVEST[6]

INDIPENDENTE: la storia deve essere autonoma, non deve dipendere da altre, e dev'essere autoportante, non deve neessitare di altro per essere operativa.

NEGOZIABILE: deve poter essere riscritta, e modificata, e deve poter essere soggetta a cambiamenti.

VALORIZZANTE: produce veramente il valore necessario per un cliente, un utilizzatore, un consumatore.

ESTIMABILE: dobbiamo essere in grado di valutarne la dimensione sempre e con variabili.

SNELLA: dev'essere di piccole dimensioni e percepibile, altrimenti va riscritta o sufiddivisa in più parti.

TESTABILE: per essere completata deve superare un test finale, quindi il test va progettato prima di scrivere la storia.

Nella riunione di retrospettiva, bisognerebbe chiedersi: rispetta i criteri INVEST?

Quando in Scrum le storie/cose fatte sono finite, i Team raddoppiano la velocità di esecuzione. Cioè fanno il doppio del lavoro in metà tempo.

---

[6] Acronimo inventato da Bill Wake, massimo esperto nella compilazione di codice informatico.

70

GLI OSTACOLI

Definiamo gli ostacoli delle barriere "temporanee" oppure "Costanti" nel tempo. Prima di procedere con il lavoro vero e proprio di Scrum, è necessario valutare gli ostacoli e le regole per superarli, queste procedura io la definisco: Governance di Progetto.

Bisogna tenere conto anche degli ostacoli interni al Team, legati alla persona, al lato psicologico. Si può tenere sempre presente il dato stabile della "confusione", l'entropia che auto-alimenta le barriere.

La mancata comunicazione può trasformarsi in una barriera. La barriera è un muro che ci divide dall'obiettivo, un ostacolo che "ferma" il flusso di lavoro, che incide sia sui costi che sui tempi. Quindi anche sulla qualità del risultato.

Quando si è rimosso ogni ostacolo diremo che ci siamo: equalizzati. Cioè avremo fatto ripartire il "flusso" di lavoro. In fase di analisi preliminare d'azienda, ogni ostacolo va messo su un post-it in bacheca e a fianco deve avere il nome del responsabile dell'ostacolo.

A volte i manager devono avere la pistola puntata alla testa per agire!

Quando l'ostacolo più grande è il fattore Tempo, per poter finire il lavoro nei margini stabiliti, bisogna seguire le domande del Guru:

- C'è qualcosa che possiamo **fare diversamente** per accelerare i tempi?

- Possiamo **rinunciare** ad alcuni lavori, o passarli ad altri Team?

- Possiamo **non fare** alcune cose?

- Possiamo **ridurre** il Progetto?

- Se ci sono collaboratori che **non riescono** ad adeguarsi alla nuova realtà, **vanno eliminati.**

Ci saranno sempre collaboratori che vorranno tenere per se informazioni, per rendersi INDISPENSABILI al posto di aiutare il Team. Ed è proprio qui che agisce l'evoluzione della cultura, perché Scrum li identifica subito.

VELOCITA' X TEMPO = DATA DI CONSEGNA

La felicità del Team combacia con il successo del Team stesso. La consideriamo un valore produttivo, quando i membri di un Team accusano un abbassamento del tono di Felicità, la diretta ed immediaa conseguenza è un calo fino al 40% del rendimento di tutto il Team.

E' molto importante ricordarsi di considerare che il lavoro va suddiviso in "parti gestibili". Alla fine di ogni Sprint, bisogna rivalutare cosa è stato fatto e cosa ha prodotto quello sprint, con una riunione, che chiameremo: Sprint Retrospective.

In questa riunione faremo una revisione critica del lavoro fatto, e valuteremo la felicità del Team.

- Da 1 a 5 come valuti il tuo ruolo nell'azienda?
- Da 1 a 5 come valuti l'azienda nel suo complesso
- Perché hai queste percezioni?
- Cosa ti renderebbe più felice nel prossimo Sprint?

Con queste considerazioni alla mano, si proggetterà il prossimo sprint, tenendo conto che le risposte date alla domanda 4, diventano "l'interruttore mentale" governabile.

Quando si parla alle persone chiedendo loro se sono felici, la loro percezione si sviluppa, equalizza; verso il futuro. Quindi diventa un'Azione Produttiva.

Attraverso la Bacheca Scrum, ogni membro al lavoro, può vedere nel complesso totale, quanto si sta facendo, e nel suo specifico, egli a che punto si trova delle fasi dello Sprint, identificando quanto è importante il suo lavoro per il Team e per il Progetto. Tutti con nessuna eccezione, sono coinvolti nella comunicazione condivisa.

Tutti sanno chi frena i colleghi, chi è una palla al piede, chi porta il Team all'eccellenza, chi lo trascina nella mediocrità.

In Scrum tutto è visibile.

SCRUM BASE – RI-ORDINIAMO IL FUTURO

RINOVAZIO

LE INTERCONNESSIONI

Se dobbiamo valutare il valore di un'azienda, abbiamo la necessità di valutare le interconnessioni. Sarà necessario che dal semplice impiegato, all'addetto alle pulizie, al super maxi dirigente ci sia un collegamento di comunicazione, per far emergere il nucleo "neuronale" della comunicazione.

Sono stati osservati da un esperimento scientifico un quantitativo di neuroni staccati su un piano lineare, gli uni dagli altri. Se veniva data un'informazione, uno stimolo, elettrico o luminoso, solo i neuroni coinvolti, mantenevano una memoria dell'evento stimolante. Piano piano i neuroni, immersi in questo brodo di coltura, allungavano degli snodi per unirsi gli uni agli altri. Finchè il tutto non diventava una rete neuronale definita "nucleo". A questo punto anche se una singola parte, o addirittura uno solo dei neuroni, subiva uno stimolo, e iniziava una azione di risposta, come se fosse un effetto a "sciame", tutta la rete neuronale possedeva quella conoscenza. Se lo stesso stimolo veniva dato ad un neurone che era collegato alla rete, ma non aveva ancora subito lo stimolo, attraverso il collegamento a rete, poteva utilizzare la memoria del neurone che possedeva l'informazione, ed anche esso produceva la stessa azione di risposta. A questo punto risulta chiaro che ogni singolo elemento dell'azienda può contenere l'informazione chiave per dare seguito all'azione di risposta, pertanto dev'essere progettata una linea trasversale di comunicazione e confronto.

RINOVAZIO

I PRINCIPI SOTTOSTANTI IL MANIFESTO AGILE

[7]DOBBIAMO SEGUIRE QUESTI PRINCIPI:

- La nostra massima priorità è soddisfare il cliente rilasciando software di valore, progetti e prodotti/servizi, fin da subito e in maniera continua.
- Accogliamo i cambiamenti nei requisiti, anche a stadi avanzati dello sviluppo.
- I processi agili sfruttano il cambiamento a favore del vantaggio competitivo del cliente.
- Consegniamo frequentemente il lavoro funzionante, con cadenza variabile da un paio di settimane a un paio di mesi, preferendo i periodi brevi.
- Committenti e sviluppatori devono lavorare insieme quotidianamente per tutta la durata del progetto.
- Fondiamo i progetti su individui motivati. Diamo loro l'ambiente e il supporto di cui hanno bisogno e confidiamo nella loro capacità di portare il lavoro a termine.
- Una conversazione faccia a faccia è il modo più efficiente e più efficace per comunicare con il team ed all'interno del team.
- Il lavoro/progetto/servizio funzionante è il principale metro di misura di progresso.
- I processi agili promuovono uno sviluppo sostenibile.
- Gli sponsor, gli sviluppatori e gli utenti dovrebbero essere in grado di mantenere indefinitamente un ritmo costante.
- La continua attenzione all'eccellenza tecnica e alla buona progettazione esaltano l'agilità.
- La semplicità - l'arte di massimizzare la quantità di lavoro non svolto - è essenziale.
- Le architetture, i requisiti e la progettazione migliori emergono da team che si auto-organizzano.

[7]http:/agilemanifesto.org

- A intervalli regolari il team riflette su come diventare più efficace, dopodiché regola e adatta il proprio comportamento di conseguenza

CONCLUSIONI

Oggi aver scritto questa prima traccia di Scrum-RINOVAZIO in questo libro, rappresenta per me, per il mio socio Giampaolo Santini, per Scrum Italia, un primo mattone di conoscenza che depositiamo quale simbolo e testamento teorico, per il futuro. Con l'intento di continuare a costruire una rete innovativa, di conoscenze e tecnologie atte a facilitare il lavoro, e di conseguenza lo sviluppo delle imprese.

Scrum Italia è come una grande casa, dove il Co-Working è la base fondante di ogni progetto.

Volevamo condividere con voi, queste conoscenze che speriamo possano incuriosirvi e vi spingano a frequentare un corso di Scrum Italia.

Per ogni aggiornamento o informazione potete collegarvi con noi su www.scrumitalia.it

RINOVAZIO

RIFLESSIONI MOTIVAZIONALI

L'Uomo nell'Arena – Theodore Roosevelt

Non è il critico che conta, né l'individuo che indica come l'uomo forte inciampi, o come avrebbe potuto compiere meglio un'azione. L'onore spetta all'uomo che realmente sta nell'arena, il cui viso è segnato dalla polvere, dal sudore, dal sangue; che lotta con coraggio; che sbaglia ripetutamente, perchè non c'è tentativo senza errori e manchevolezze; che lotta effettivamente per raggiungere l'obiettivo; che conosce il grande entusiasmo, la grande dedizione, che si spende per una giusta causa; che nella migliore delle ipotesi conosce alla fine il trionfo delle grandi conquiste e che, nella peggiore delle ipotesi, se fallisce, almeno cade sapendo di aver osato abbastanza. Dunque il suo posto non sarà mai accanto a quelle anime timide che non conoscono né la vittoria, né la sconfitta

(dal discorso: "Citizenship In A Republic" di Theodore Roosevelt – traduzione dall'inglese di G. Carro © 2007)

Il Fiume e l'Oceano – Osho Rajneesh

Dicono che persino un fiume prima di riversarsi nell'oceano, tremi di paura. Guarda all'indietro per tutto il suo percorso le cime, le montagne, la lunga strada sinuosa attraverso le foreste, attraverso le persone e vede davanti a sé, un oceano così vasto, che entrarci dentro, sarebbe come sparire per sempre. Però non c'è verso. Il fiume non può tornare indietro. Neanche tu puoi farlo. Tornare indietro è impossibile nell'esistenza; puoi solo andare avanti. Il fiume deve rischiare ed entrare nell'oceano. E soltanto quando entra nell'oceano, la sua paura sparisce perché solo allora capisce che non si tratta di sparire nell'oceano, ma di diventare oceano. Da un lato c'è la sparizione e dall'altro c'è la rinascita. Quindi non preoccuparti. Le cose stanno accadendo perfettamente anche per te.(da: "Rising in Love..." di Osho Rajneesh – Diamond Pocket Books)

RINOVAZIO

FIDUCIA=RESPONSABILITA'

EFFICACIA ed EFFICIENZA

I termini efficacia ed efficienza, spesso usati indistintamente come sinonimi, riflettono in realtà due concetti ben distinti. Facciamo un po' di chiarezza a riguardo. L'efficacia indica la capacità di raggiungere l'obiettivo prefissato, mentre l'efficienza valuta l'abilità di farlo impiegando le risorse minime indispensabili. Efficacia ed efficienza sono concetti molto importanti nel mondo del lavoro ed in generale nella pianificazione e nel controllo di qualsiasi attività.

Punto di partenza   Punto di arrivo

A. AZIONE EFFICACE MA NON EFFICIENTE

Punto di partenza   Punto di arrivo

B. AZIONE EFFICACE ED EFFICIENTE

RINOVAZIO

RI-ORGANIZIAMO
IL FUTURO

ISBN 978-1-326-78862-9

RINOVAZIO

I TUOI COMMENTI E LA TUA RECENSIONE POSSONO FARE LA DIFFERENZA

Le tue impressioni dopo la lettura, le domande, i consigli, la critica costruttiva, rppresentano per noi la possibilità di migliorare. Se ti è piaciuto, scrivi una piccola recensione, bastano poche righe, e parla ai tuoi amici, raccontagli cos'hai letto, cos'hai scoperto, imparato, se ti ha lasciato qualcosa.

Il tuo sostegno è importante.

Se sei interessato ad approfondire gli argomenti, contattaci su www.scrumitalia.it nella sezione CORSI.

Grazie alla lettura di questo libro hai il 25% di sconto su uno qulsiasi dei corsi organizzati da Scrum Italia. Ti verranno poste delle domande relative ai contenuti del libro che hai appena finito.

Codice da inserire alla prenotazione del corso: **ebookscrum2016**

RINOVAZIO

www.ingramcontent.com/pod-product-compliance
Lightning Source LLC
Chambersburg PA
CBHW061016050326
40689CB00012B/2667